Empatía

Julie Murray

abdobooks.com

Published by Abdo Kids, a division of ABDO, P.O. Box 398166, Minneapolis, Minnesota 55439. Copyright © 2021 by Abdo Consulting Group, Inc. International copyrights reserved in all countries. No part of this book may be reproduced in any form without written permission from the publisher. Abdo Kids Junior™ is a trademark and logo of Abdo Kids.

Printed in the United States of America, North Mankato, Minnesota.

102020
012021

Spanish Translator: Maria Puchol

Photo Credits: iStock, Shutterstock

Production Contributors: Teddy Borth, Jennie Forsberg, Grace Hansen

Design Contributors: Christina Doffing, Candice Keimig, Dorothy Toth

Library of Congress Control Number: 2020930489
Publisher's Cataloging-in-Publication Data
Names: Murray, Julie, author.
Title: Empatía/ by Julie Murray
Other title: Empathy. Spanish.
Description: Minneapolis, Minnesota: Abdo Kids, 2021. | Series: Nuestra personalidad | Includes online resources and index.
Identifiers: ISBN 9781098204051 (lib.bdg.) | ISBN 9781098205034 (ebook)
Subjects: LCSH: Empathy--Juvenile literature. | Compassion--Juvenile literature. | Emotions--Social aspects--Juvenile literature. | Moral ideas--Juvenile literature. | Spanish language materials--Juvenile literature.
Classification: DDC 152.41--dc23

Contenido

Empatía 4

Formas de
mostrar empatía 22

Glosario 23

Índice 24

Código Abdo Kids . . .24

Empatía

La empatía es **comprender** los sentimientos de los demás.

Es demostrar que te importa.

Nora está triste. Su madre la abraza.

Jake se ha hecho daño en una rodilla. Liam le ayuda a caminar.

Mae acaba de recibir un cachorro. Emma se alegra por ella.

A Max le han herido sus sentimientos. Uma lo escucha.

Lisa está **nerviosa**.

Tina le ayuda.

Alex ganó su partido.

¡Jay le choca la mano!

¿Cómo puedes mostrar que **comprendes** a los demás?

21

Formas de mostrar empatía

alegrándose por los demás

ayudando a los demás

dando un abrazo

escuchando con atención

Glosario

comprender
habilidad de entender la importancia de algo.

nervioso
tener miedo en un situación específica.

Índice

abrazar 8

alegrarse por los demás 12, 18

buena voluntad 10, 16

deportividad 18

escuchar 14

interés 6, 20

¡Visita nuestra página **abdokids.com** y usa este código para tener acceso a juegos, manualidades, videos y mucho más!

Los recursos de internet están en inglés.

Usa este código Abdo Kids

CEK8664

¡o escanea este código QR!